어린 시절 추억의 장소인 폰트 데 로비와 하우메 가예미에게
알렉스

나는 대단한 소식이라도 들은 것처럼 서둘러 계곡으로 달려간다. 자연이 벌이는 큰 축제를 놓치면 안 되니까.
헨리 데이비드 소로

옮긴이 권지현
고등학교를 졸업할 무렵부터 번역가의 꿈을 키웠어요. 그래서 서울과 파리에서 번역을 전문으로 가르치는 학교에 다녔고, 학교를 졸업한 뒤에는 번역을 하면서 번역가가 되고 싶은 학생들을 가르치고 있어요. 그동안 옮긴 책으로는 〈보통의 호기심〉 〈꼬마 중장비 친구들〉 시리즈와 『오늘의 식탁에 초대합니다』 『내 동생은 세상에서 가장 작은 집에 살아요』 『펜으로 만든 괴물』 『추리 게임』 『버섯 팬클럽』 『거짓말』 『아나톨의 작은 냄비』 등이 있어요.

일러두기: 공룡을 비롯해 사라진 동물과 인간이 같이 등장하는 장면은 자유롭게 상상해서 그렸어요.
실제로 인간이 멸종 동물들과 같이 산 시간은 없었으니까요. 과거에도, 현재에도.

산으로 올라간 백만 개의 굴
지구의 시간을 품은 지층과 화석 이야기

초판 인쇄 2021년 8월 30일 초판 발행 2021년 8월 30일
글쓴이 알렉스 노게스 그린이 마이렌 아시아인 로라 옮긴이 권지현
펴낸이 남영하 편집 김주연 이신아 디자인 박규리 마케팅 김영호
펴낸곳 ㈜씨드북 주소 03149 서울시 종로구 인사동7길 33 남도빌딩 3F 전화 02) 739-1666 팩스 0303) 0947-4884
홈페이지 www.seedbook.co.kr 전자우편 seedbook009@naver.com 인스타그램 instagram.com/seedbook_publisher
ISBN 979-11-6051-413-1 (77450)

Un millón de ostras en lo alto de la montaña
Text Copyright © Alex Nogués, 2019
Illustrations Copyright © Miren Asiain Lora, 2019
First published by Editorial Flamboyant S. L., 2019
under the title Un millón de ostras en lo alto de la montaña
www.editorialflamboyant.com
All rights reserved.
Korean translation rights arranged with Editorial Flamboyant
through EYA(Eric Yang Agency), Seoul
Korean translation Copyright © 2021 by Seedbook
이 책의 한국어판 저작권은 에릭양 에이전시를 통해 저작권자와 독점 계약을 맺은 ㈜씨드북에 있습니다.
저작권법에 의해 한국 내에서 보호를 받는 저작물이므로 무단 전재와 무단 복제를 금합니다.

제조국명: 대한민국 | **사용연령:** 6세 이상
KC마크는 이 제품이 공통안전기준에 적합하였음을 의미합니다.
종이에 베이지 않게 주의하세요.

• 책값은 뒤표지에 있어요. • 잘못 만들어진 책은 구입하신 서점에서 바꾸어 드려요. • 씨드북은 독자들을 생각하며 책을 만들어요.

산으로 올라간 백만 개의 굴

지구의 시간을 품은 지층과 화석 이야기

알렉스 노게스 글 마이렌 아시아인 로라 그림 권지현 옮김

씨드북

**나랑 같이 산책하러 갈래요?
주위를 둘러봐요. 무엇이 보이나요?**

곰과 사슴이 보이지요? 딱따구리와 도롱뇽,
모자를 쓴 인간, 그러니까 호모 사피엔스도요.
하지만 이들은 오늘 할 이야기와 아무런 상관이 없어요.
그럼 계속 가 볼까요?

지금은 어때요? 보이나요?

아, 맞아요. 고래 모양 구름이 보여요.
하지만 그걸 보라는 게 아니었어요.
구름에 눈길을 빼앗기지 말아요.

**지금은요?
이 길이 어디로 통하는지 알겠어요?**

맞아요. 우리는 숲으로 가요.
숲은 참 아름다워요. 가을이라서 숲이 더 아늑하네요.
밭에는 트랙터가 있어요. 흐르는 강물도 멋져요.
자, 서두를까요?
놀라운 걸 보고 싶다면 아직 책장을 더 넘겨야 해요.

자, 이제 바위들이 보이나요?

이 바위들은 아주 오래전부터 여기 있었어요.
타임머신을 타고 과거로 갈 수 있다면
그때도 사방에 널린 바위들을 볼 수 있을 거예요.
바위는 트랙터보다, 모자 쓴 인간보다 훨씬 오래전부터
이곳에 있었으니까요. 숲이나 동물보다도 먼저요.
바위들이 모여서 산이 되었고, 주변 풍경이 아름다워졌어요.
어떤 숲이 만들어질지, 어떤 동물이 그 숲에 살지도
어느 정도는 바위산이 정해요.

높은 산은 구름의 걸음을 멈추고
비가 내리게 해요.
그러면 계곡과 마을,
강 위로 해가 늦게 뜨고 일찍 져요.

누가 돌에 관심을 가져요? 길 가다가 발로 차거나
호수에서 물수제비뜨기를 할 때가 아니라면요.

책장을 넘겨 봐요. 이제 다 왔어요.

드디어 산꼭대기에 도착했어요.
바위가 흙으로 덮이지 않고
맨살을 드러낸 곳이 있어요.
이런 곳을 '노두'라고 해요.
잘 둘러봐요. 이곳에 굴 껍데기가 가득해요!

굴이라고요?

땅속에는 지렁이, 두더지, 땅강아지가
살아요. 쥐, 오소리, 고슴도치도 살고요.
참, 곰이 겨울잠을 자기도 하지요.

하지만 굴이라니요?
굴은 바다에 살잖아요.
그런데 여기에 굴이 백 개, 천 개,
아니 백만 개나 있어요!

이렇게 많은 굴이 어떻게 산꼭대기에 있을까요?
산을 기어서 올라온 걸까요?
허리케인에 실려 와 비처럼 떨어진 걸까요?
혹시 이건 굴이 아니라 굴처럼 생긴 돌 아닐까요?

**그건 아니에요.
아마 답을 들으면 더 놀랄걸요.**

이건 돌이 아니라 이빨이에요!

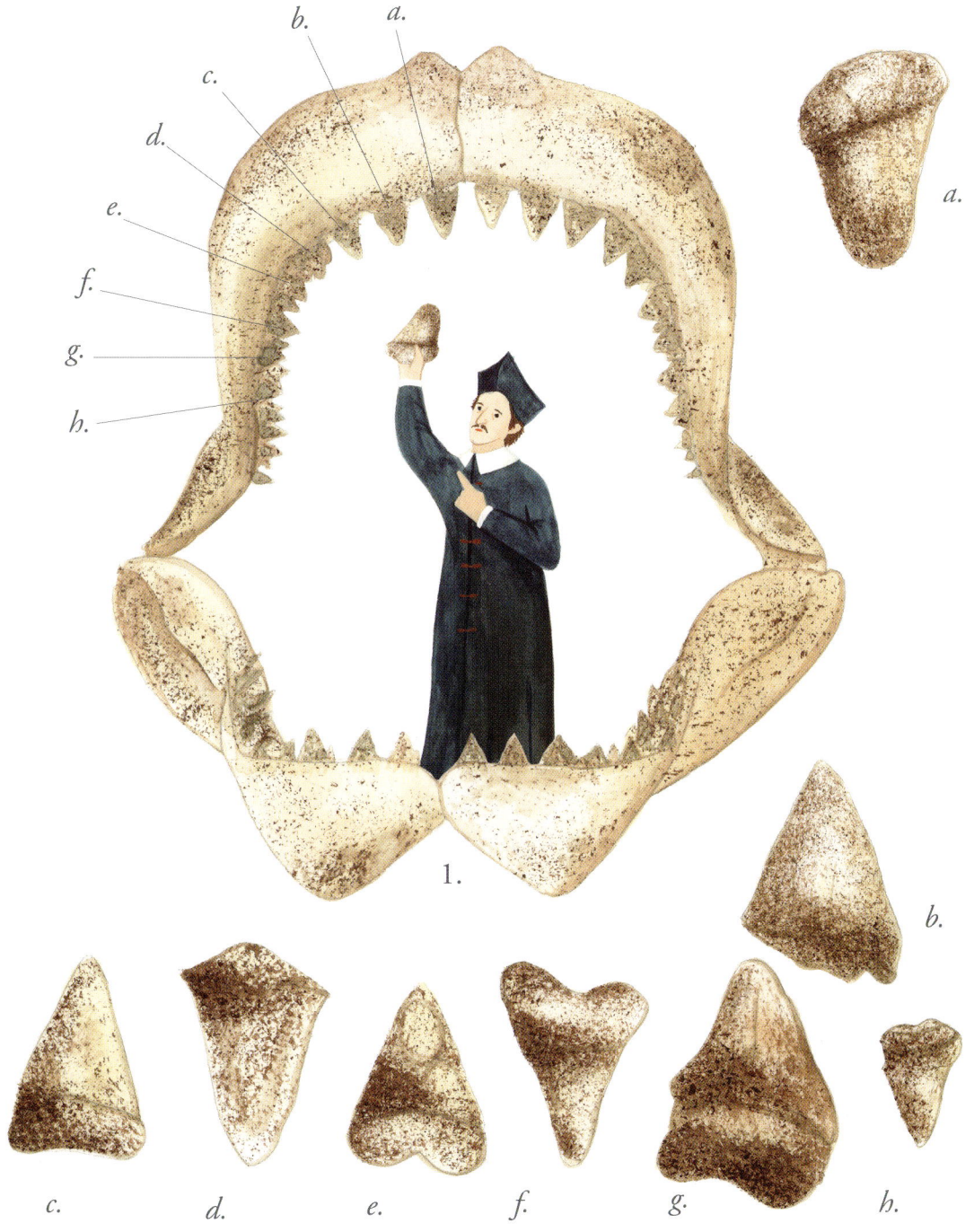

350년 전, 덴마크에 '니콜라우스 스테노'라는 과학자가 있었어요. 그는 1200킬로그램이나 나가는 거대한 상어 머리를 해부하다가 아주 중요한 걸 발견했어요. 바로 상어 이빨이었지요. 아무리 봐도 상어 이빨이 '글로소페트라'라고 부르는 '혀돌'과 닮아도 너무 닮았다는 걸 알게 되었어요. 혀돌은 암석 사이에서 발견되었어요. 혀돌이 하늘에서 떨어졌다고 믿던 사람들은 그것을 부적으로 여겼어요. 열병부터 지독한 입 냄새까지, 온갖 독이나 질병으로부터 사람을 지켜 준다고 생각했지요. 하지만 스테노 박사는 그 화석이 돌이 아니라 상어 이빨이라는 걸 알아냈어요. 그 후 사람들은 이 화석에 관해 오래 연구하고 이론을 내놓았어요. 또 스테노 박사를 최초의 지질학자로 인정했어요.

우리가 발견한 굴은 화석이에요. 화석은 공룡처럼 아주 오래전에 살다가 죽은 동물의 몸이에요.

동물들이 살아 있는 상태로, 또는 죽은 지 얼마 안 되어서(이편이 더 낫겠지요?) 땅속에 묻히면 화석이 될 수 있어요. 아주 오랫동안 몸이 딱딱하게 굳어지면서 그대로 보존된 것이에요.

**산에 올라가면 짜잔!
운 좋게 그런 화석을
발견할 수 있어요.**

그 굴을 먹을 수 있나요?

오래되었으니까 먹지
못해요. 먹을 수 있는 살이
남아 있지 않아요.

그럼 굴은 몇 살이에요?
죽은 다음에 정말로 시간이
아주 많이 흐른 거예요?

아마도요.
다시 노두로 돌아가 볼까요?

**자세히 들여다봐요.
산에 나타난 띠들이 보이나요?**

바위에 보이는 여러 개의 띠를 '지층'이라고 해요.
바위가 악보라면 지층은 음표나 오선, 쉼표라고 할 수 있지요.
노래는 맨 밑에서 시작해 맨 위에서 끝나요.

이 악보를 연주할 때 문제는 지층의 두께에 따라
음이 달라진다는 점이에요. 음의 길이도 다르고요.
중간에 쉬는 박자도 달라요.
하지만 지층은 악보처럼 읽을 수 있어요.
특정한 순서로 읽으면 우리에게 아름다운
노래를 들려주지요.

그 노래를 들으면 '흠, 좋은데!' 생각할 거예요.
감탄하고 춤도 출 수 있지만, 그보다 먼저
지층들이 대체 몇 살이나 되었는지 궁금하지 않나요?

지구에 있는 모든 노두를 모아서 위대한 노래를 만든다고 생각해 봐요. 위로 갈수록 젊은 지층, 아래로 갈수록 늙은 지층이에요. 지층마다 발견된 화석 종류도 다 다르다는 걸 알 수 있어요.

위에 있는 지층에서는 매머드, 털코뿔소, 인간이라고 부르는 털 없는 원숭이 화석이 나와요.

아래에는 포유류 화석이 많아요.

중간에는 공룡과 암모나이트 화석이 나와요.

조금 더 밑에는 멸종한 삼엽충처럼 희한하게 생긴 생명체들 화석이 쌓여 있어요. 지구에 다시 나타나지 못하고 영원히 잠든 동물들이에요.

화석은 지구가 부르는 노래에서 우리가 악보 어디쯤 있는지 알려 줘요. 인간과 공룡, 삼엽충과 매머드가 똑같은 지층에서 발견되는 법은 없지요. 화석은 일종의 시계 같아요.

와, 화석 덕분에 굴이 삼엽충보다는 젊고 매머드보다는 늙었다는 걸 알 수 있네요!

시간은 초, 년, 세기 단위로 측정해요. 또 숫자로 표시 하지요. 우리가 약속을 정할 때 "백리향 꽃이 피고 참나무의 마지막 잎이 떨어졌을 때 만나자" 라고 하지는 않잖아요.

약 100년 전(100년이라는 시간이 엄청나게 길어 보이지만 사실 그렇지 않아요.
이 책을 다 읽고 나면 무슨 말인지 알 거예요)에 암석을 이루는 알갱이, 즉 광물이
땅속에서 아주 천천히, 그리고 일정한 속도로 분해된다는 사실을 발견했어요.
그때 방사선이라는 게 나오는데 그 양을 측정할 수 있지요.

한 지층에 있는 광물이 얼마나 분해되었는지 측정하면 그 광물의 나이를 꽤 정확하게
알 수 있어요. 그래서 언제 만들어진 노두인지 측정할 때 지질학자들에게는
두 개의 시계가 필요해요. 바로 화석과 방사선 측정이지요.

그렇게 해서 굴은 약 8500만 년 전인 후기 백악기부터 살았다는 걸 알아냈어요.

지구의 역사에 이름 붙이기

지질 시대를 구분하는 이름은 참 멋져요.
주로 각 지층의 특징이 잘 드러난 장소에서 이름을 따왔어요.

2.

1.

3.

1. 데본기(4억 1900만~3억 5900만 년 전): 데번은 영국 남서부에 있는 주예요. 이곳에서 지질학자 로더릭 머치슨과 애덤 세지윅이 데본기를 처음으로 구분했어요.

2. 석탄기(3억 5900만~2억 9900만 년 전): 이 시기에 세계 곳곳에서 어마어마한 양의 탄소가 만들어졌어요. 최초의 숲(지금과는 매우 달라요)이 나타난 덕분이지요.

3. 페름기(2억 9900만~2억 5200만 년 전): 이 지질 시대의 이름은 러시아의 페름 지방에서 따왔어요. 이번에도 지질학자 머치슨이 페름기 지층을 발견했어요.

4. 쥐라기(2억 100만~1억 4500민 년 전): 알프스산맥과 가까운 쥐라산맥에서 이름을 따왔어요. 쥐라기는 18세기 말에 자연과학자 알렉산더 폰 훔볼트가 이름 붙였어요.

5. 백악기(1억 4500만~6600만 년 전): 분필처럼 흰 암석인 백악에서 이름을 따왔어요. 백악은 프랑스 파리의 분지에 많이 묻혀 있어요. 파리 분지를 연구한 지질학자가 이곳 지층이 백악기에 만들어졌다는 것을 알아냈지요.

4.

5.

8500만 년이라니!

엄청나게 긴 시간이에요.
굴은 인류 역사상 가장 나이가 많은
중국 할머니(120살)에 비하면 끝없이
산 것처럼 느껴져요. 로마의 콜로세움(1900살)도
우스워 보이고, 캘리포니아에서 가장 오래 산
세쿼이아(3200살) 나무도 저리 가라예요.

잊지 말아요! 공룡은 2억 3000만 년 전 처음 등장했어요.
삼엽충은 5억 2000만 년 전, 물속에 사는 식물은 16억 년 전에 처음
나타났고요. 16억 년을 아라비아로 숫자로 표시하면 더 실감 나겠지요?
1,600,000,000년!
인류 문명이 처음 나타난 건 고작 6000년 전이었어요.
그럼 1만 4000배의 시간 동안 지구에서는 과연 무슨 일이 일어났을까요?

8500만 년 전에 굴은 어디에 살았을까요?

우리는 산꼭대기에서 굴을 발견했어요.

하지만 보이는 게 다는 아니에요. 요즘 볼 수 있는 굴은 8500만 년 전에 살았던 굴과 모양이 아주 닮았어요. 아마 사는 방식도 비슷할 거예요.
굴이 발견된 곳의 지층 색도 잘 살펴봐야 해요.
눈치챘나요?

암석 조각, 죽은 생물이 쌓여서 만들어진 지층을 퇴적층이라고 해요. 어떤 퇴적층 색이 검거나 아주 진하다면 그곳에는 석탄, 석유, 죽은 식물이나 동물 같은 유기물이 많다는 뜻이에요.

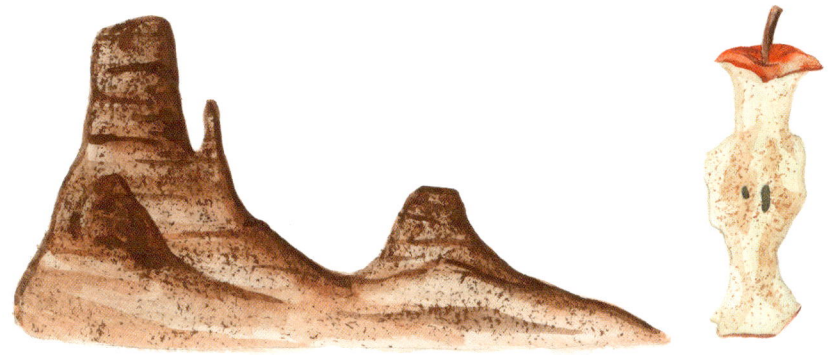

붉은색, 황갈색, 갈색 퇴적층은 공기에 노출된 채 쌓인 거예요. 공기에 노출되면 퇴적층에 있는 광물이 산소와 만나서 색이 붉게 변하거든요. 산소는 혈액, 금속의 녹, 방금 먹고 난 사과의 심도 붉게 만들어요.

만약 퇴적층이 바다 깊은 곳에 생기면 회색이 돼요.

이제 확실해졌지요?
우리가 발견한 굴은 백악기에 바다에서 살았어요.

**하지만 더 자세히 확인해 봐요.
진짜 지질학자가 된 것처럼요.**

암석 덩어리를 하나 주워요.

망치로 암석을 내리쳐서 두 덩어리로 깨요.
그래야 안쪽 면을 볼 수 있으니까요.

이번에는 암석을 혀로 핥아 봐요.*
그리고 굴 한 개와 굴을 발견했던 흙을
한 줌 손에 쥐고 돋보기로 들여다봐요.

그 안에는 화석이 된 작은 바다 동물들이 있어요.
바다, 바다, 온통 바다예요!
고대의 따뜻한 바다지요.

* 암석 표면에 침을 묻히면 표면을 더 선명하고 자세히 관찰할 수 있어요. 진짜 지질학자들만 아는 요령이랍니다.
  그렇다고 함부로 아무 암석이나 핥아 보지는 말아요!

작은 바다 동물들

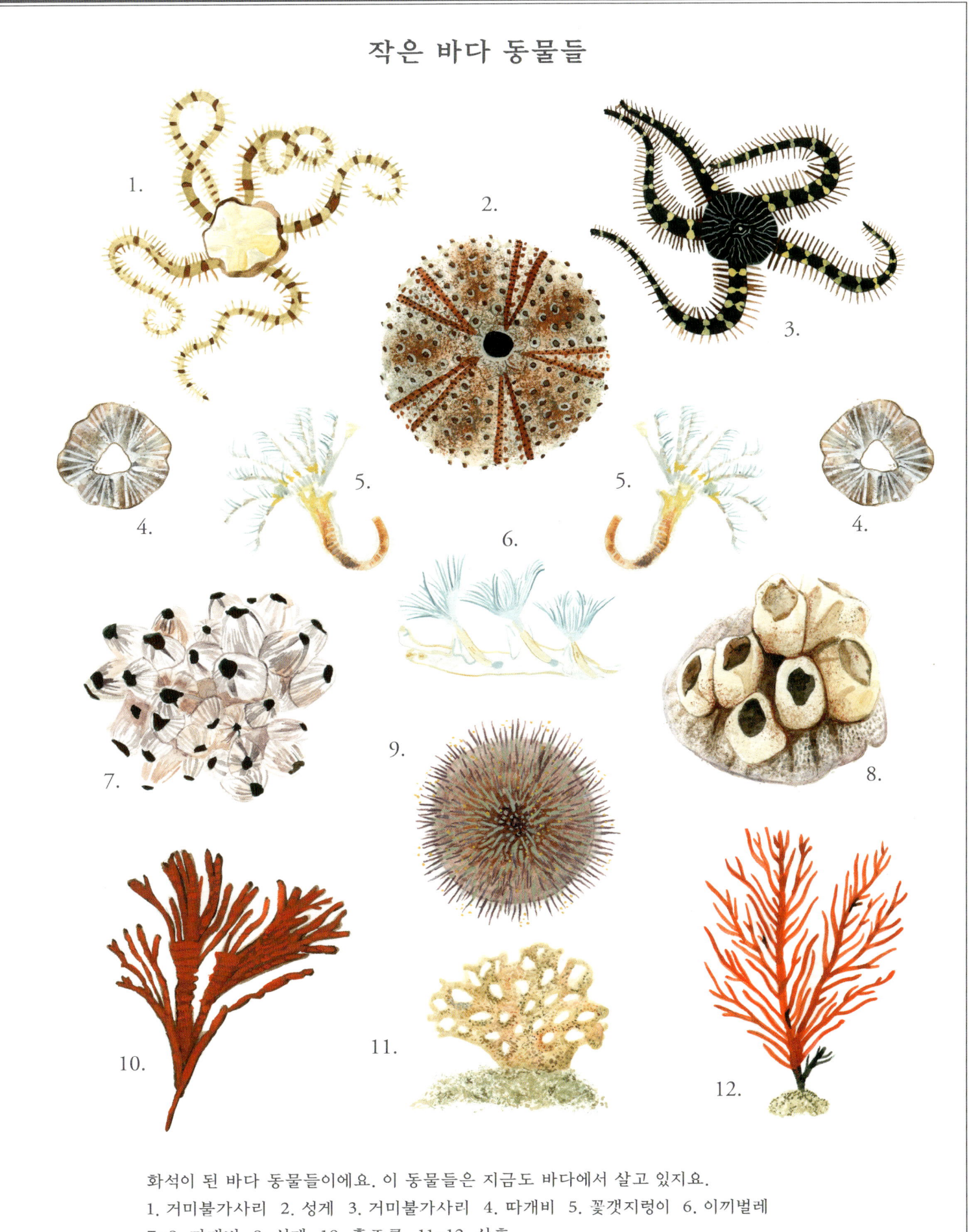

화석이 된 바다 동물들이에요. 이 동물들은 지금도 바다에서 살고 있지요.
1. 거미불가사리 2. 성게 3. 거미불가사리 4. 따개비 5. 꽃갯지렁이 6. 이끼벌레
7~8. 따개비 9. 성게 10. 홍조류 11~12. 산호

이제 우리가 있는 산꼭대기가 8500만 년 전에는
따뜻한 바다였다는 사실을 알았어요.
그러니까 굴이 산에 기어 올라온 것도 아니고,
하늘에서 비처럼 떨어진 것도 아니고,
갑자기 뿅 하고 나타난 것도 아니에요.

바닷속 땅이 솟아올라 산이 된 것이지요!

어떻게 그렇게 되지요? 거대한 쓰나미가 일어났나요?
아니면 대홍수가 일어났나요?

쓰나미도 아니고 대홍수도 아니에요.

바다는 움직여요.
파도나 밀물과 썰물처럼 작게 움직이는 걸 말하는 게 아니에요.
바다는 훨씬 크게 움직여요. 아주아주 느리게요.

아마 '기후 변화'라는 말을 들어 봤을 거예요. 북극의 얼음이 녹는다는 소리도요.
만약 지구의 모든 얼음이 녹는다면 어떨까요? 바닷물이 전 세계 해안가를 뒤덮을 거예요.
8500만 년 동안 바다는 수백, 수천 번 밀려왔다가 멀어져 갔어요.
그러면서 퇴적물이 쌓여 퇴적층이 생겼지요. 그렇게 여러 층이 쌓이게 되었어요.
붉은 층 위에 회색 층, 회색 층 위에 붉은 층이 쌓인 거예요.

그러다가 550만 년 전에 큰 사건이 일어났어요. 지중해가 말라 버린 거예요.
물 한 방울 없이 말이지요!

하지만 그 사건이 왜 바다가 3000미터 높이까지 올라갔는지 설명해 주지 못해요.
거기에는 다른 이유가 있을 거예요. 좀 더 알아볼까요?

바다는 훨씬 거칠게 움직이기도 해요.

우리는 거대한 땅덩어리들로 이루어진 퍼즐 위에 사는 것과 같아요. 마그마 위로 대륙들이 떠 있는 셈이지요. 그래서 화산 폭발, 간헐천, 지진 등이 생기는 것이에요.
두 대륙판이 서로 가까워지다 어느 순간에 아주 느린 속도로 부딪히면(우리에게는 정말 다행이지요?) 지층이 구겨지거나 휘거나 깨져요. 결국 한쪽 대륙판 끝이 다른 대륙판 밑으로 들어가 잠기지요.

고대 바다에 만들어진 퇴적층은 암석으로 변하고, 늙은 세쿼이아도 알아차리지 못할 만큼 느린 충돌에 밀려 몇 킬로미터나 움직였어요. 그렇게 바다는 점점 더 위로 올라갔어요.

그리고 산꼭대기가 되었지요.

땅속에 묻혀 있던 굴이 우리에게 알려 준 지구의 비밀을 보세요.
이것은 시작에 불과해요.
지구의 노래를 조금 더 일찍 듣기 시작한다면 환상적인 산호초를
발견할 수 있어요. 그리고 몇 층 아래에서는 공룡 가족의
발자국도 발견할 거예요. 또 다른 노두에서는 상상하지 못했던,
그리고 아무도 본 적 없는 동물들과 끝을 알 수 없었던 깊은 바다를 발견할 거예요.
어쩌면 불 꺼진 화산을 올라가거나 거대한 고사리 숲으로 들어갈 수도 있겠지요.
그곳에서 여러분은 수많은 이야기와 노래를 들을 수 있을 거예요.
아무도 탐험하지 않은 세계가 여러분을 기다리고 있어요.

**그럼 이제 돋보기, 연필, 공책, 망치를 들고
밖으로 나가 볼까요?**

용어 설명

노두 – 지질학자들은 암석이 식물이나 다른 장애물에 가리지 않고 직접 땅겉에 드러난 곳을 '노두'라고 불러요. 나무나 꽃이 잘 자랄 수 없는 건조한 지역의 산에서 잘 발달해요.

지층 – 덴마크의 지질학자 니콜라우스 스테노가 만든 용어예요. 라틴어에서 유래했고, 양탄자처럼 '어떤 표면에 가로로 펼쳐진 것'을 뜻하는 말이 되었어요. 스테노는 지층의 세 가지 기본 법칙을 만들었어요. 이 법칙은 노두와 지구의 역사를 이해하는 데 많은 도움이 되었지요.

1. 지층은 수평으로 쌓이고, 나중에 기울거나 구부러질 수 있어요.
2. 아래에 있는 지층이 위에 있는 지층보다 오래되었어요.
3. 지층은 기본적으로는 가로로 이어져 있고, 그렇게 쌓인 지층은 나이가 같아요.

지질학 – 지구가 어떻게 시작되고 이루어졌는지와 진화를 연구하는 학문이에요. 영어로 지질학을 가리키는 지올로지(geology)는 그리스어 '가이아(Gaia: 그리스 신화에 나오는 카오스의 딸이자 대지의 여신)'와 학문을 가리키는 '로기아(logia)'가 합쳐진 말이에요. 로기아는 '말'이라는 뜻의 '로고스(logos)'에서 비롯되었어요. 이를 조금 더 시적으로 해석해 보면 지질학자는 어머니 대지의 말을 이해하는 사람, 또는 돌의 언어를 이해하는 사람이라고 할 수 있어요.

화석 – 화석은 '돌이 되었다'는 뜻이에요. 변하지 않고 어떤 상태에서 돌처럼 굳은 것을 비유할 때 화석이라는 말을 쓰기도 해요. 물론 이 책에서 말하는 화석은 죽은 동물이나 식물이 돌로 변한 것을 가리켜요. 화석은 퇴적층에서 발견되지요.
특히 뼈나 등껍질, 조개껍데기 같은 물질은 물과 압력, 기온의 변화에 영향을 받아요. 더 많은 퇴적물이 쌓여 깊이 파묻힐수록 더 큰 영향을 받지요. 수천 년, 또는 수백만 년이 흐르고 죽은 동식물의 화학 구조가 변하면서 돌이 돼요.

마그마 – 지구 중심에는 거대한 불덩어리가 있어요. 그 불덩어리를 향해 땅을 파고 들어간다면 1킬로미터마다 온도가 25~30도씩 올라갈 거예요. 지구 핵까지 가려면 약 3000킬로미터를 파야 해요. 암석은 1200도가 넘어가면 녹아 버려요. 지표면에서 몇 킬로미터 아래까지는 암석으로 되어 있어요. 이 층을 '지각'이라고 불러요. 지각과 지구 핵 사이에 있는 부분을 맨틀이라고 하는데, 그 안에 엄청난 양의 마그마가 고여 있어요. 마그마는 암석이 녹아서 만들어진 아주 뜨거운 반액체 물질이에요.

고지자기 – 암석이나 지층 속에 남아 있는 자석 성질이에요. 앞에서도 보았듯이, 화석은 상대적인 시계 역할을 할 수 있어요. 화석이 없을 때나 충분하지 않을 때 고지자기를 사용할 수도 있지요. 지구는 거대한 자석이에요. 북극과 남극이 종종(수백만 년에 한 번) 무질서하게 바뀌어요. 왜 그런지는 밝혀지지 않았어요. 철 같은 광물은 지구의 극성(자석의 남극과 북극이 가지고 있는 서로 다른 성질)을 따라 쌓이기 때문에 퇴적층이 북극을 향해서 쌓였는지, 아니면 남극을 향해서 쌓였는지 알 수 있어요. 어떤 지층이 주변 지층과 극이 바뀌어 쌓였다면 이미 잘 연구된 노두와 비교해서 어느 시기에 만들어졌는지 알 수 있어요.

판 구조 – 지구 겉 부분은 여러 개의 거대하고 딱딱한 판으로 이루어져 있어요. 아주 느린 속도로 움직여요.

퇴적암 – 암석 조각과 생물들이 지각에 쌓여 만들어진 암석이에요. 예를 들어 해변의 모래는 암석이 부서져 생긴 아주 작은 알갱이, 갖가지 광물, 해변 근처에 살았던 온갖 생물이 죽어서 남긴 작은 조각들로 이루어져 있어요. 이 퇴적물 위에 새로 퇴적물이 쌓이고 오랜 시간이 흐르면 퇴적암으로 변해요.

알렉스 노게스

열두 살 때, 구부러진 막대기 하나가 제 삶을 바꿔 놓았어요. 저는 사촌들, 형제들과 노두 위에서 골프를 하고 있었지요. 그런데 공이 암석에 붙어 있는 조개껍데기 같은 것에 들어가고 말았어요. 바다는 50킬로미터나 떨어져 있고 우리는 산비탈에 있는데 말이에요. 이날 들었던 의문을 해결하기 위해 저는 지질학자가 되었어요. 그러던 어느 날, 백악기의 바다를 누비다가 그때까지 아무도 본 적 없던 작은 화석을 발견했어요. 그 화석의 이름은 '알렉시나 파피라체아'*예요.

그때는 아직 책이라는 것이 제 삶에 어떤 역할을 할지 몰랐어요. 이 책으로 모든 것이 완성된 느낌이에요. 제가 배운 것을 이 짧은 책에 담아 펴냄으로써 돌의 언어를 배울 때 느낀 경이로움을 세상에 알릴 수 있게 되었어요.

* '알렉시나'는 제가 발견했기 때문에 제 이름을 넣었고, '파피라체아'는 이집트의 종이 파피루스처럼 유명해지라고 붙인 이름이에요.

마이렌 아시아인 로라

....

어렸을 적, 집 옆에 있던 정원 나뭇잎에서 벌레 한 마리를 발견했어요. 그 벌레를 유리병에 담아 두었는데, 며칠 뒤 벌레는 나비가 되었어요. 마법이 정말 존재했어요. 생명 자체가 마법이지요.
그 이후로 저는 관찰하기를 좋아했어요. 자세히 바라보고 생각에 잠기기도 했지요. 얼마나 관찰하는 걸 좋아했는지 몰라요. 숲을 거닐다가 꽃 위를 정신없이 날아다니는 곤충들을 몰래 지켜보았지요. 그럴 때면 언제나 새로운 일이 벌어졌어요. 하루도 똑같은 날이 없었어요.
주위 모든 것을 바라보는 기쁨이란 이루 말할 수 없어요.
지금은 무엇보다 돌들이 많은 얘기를 들려준다는 것을 알게 되었어요.
저는 자연을 정말 사랑해요.